VOLTAIRE

VOLTAIRE E O ILUMINISMO

John Gray

VOLTAIRE

VOLTAIRE E O ILUMINISMO

Tradução de
Gilson César Cardoso de Sousa

Editora UNESP

Título original em inglês: *Voltaire*. Voltaire and Enlightenment, publicado em 1998 pela Phoenix, uma divisão da Orion Publishing Group Ltd.

Praça da Sé, 108
01001-900 – São Paulo – SP
Tel.: (0xx11) 3242-7171
Fax: (0xx11) 3242-7172
www.editoraunesp.com.br
www.livrariaunesp.com.br
feu@editora.unesp.br

Dados Internacionais de Catalogação na Publicação (CIP)
(Câmara Brasileira do Livro, SP, Brasil)

Gray, John, 1948
Voltaire: Voltaire e o iluminismo / John Gray; tradução de Gilson César Cardoso de Sousa – São Paulo: Editora UNESP, 1999. – (Coleção Grandes Filósofos)

Título original: Voltaire: Voltaire and Enlightenment.

ISBN 85-7139-247-1

1. Filosofia moderna - Século XVIII 2. Iluminismo 3. Voltaire, 1694-1778 I. Título II. Série.

99-2799 CDD-194

Índice para catálogo sistemático:
1. Voltaire: Obras filosóficas 194

Editora afiliada:

Asociación de Editoriales Universitarias de América Latina y el Caribe

Associação Brasileira de Editoras Universitárias

Para Mieko

VOLTAIRE E A TEODICEIA DO ILUMINISMO

Voltaire é a figura principal do Iluminismo.

Isaiah Berlin[1]

Se, a despeito de sua história, considerarmos a filosofia como a busca imparcial da verdade, Voltaire não foi absolutamente filósofo. Esse *philosophe* exemplar viveu e morreu como um sectário. Nada mais distante do pensamento de Voltaire que o espírito investigador. Nem, apesar de seu sarcasmo cáustico e da insopitável vivacidade de seu pessimismo, foi a visão que ele tinha da humanidade isenta de preconceitos ou cínica. Não passou, a vida inteira, de um propagandista da fé secular. O objetivo da "filosofia" de Voltaire não era promover a pesquisa e muito menos defender o ceticismo: era fundar um novo credo. Desejava substituir a religião cristã pela crença humanista do Iluminismo. Sua infatigável zombaria assentava em razões profundamente honestas. A oposição que fez ao fanatismo cristão tinha também um cunho fanático. Sua obra toda consistiu em firmar a vida europeia em novos alicerces e dar um sucessor ao Cristianismo.

A ironia de Voltaire contra as superstições e arroubos cristãos estava a serviço de uma nova e esclarecida religião universal. Entretanto, seu credo iluminista não rompeu tão radicalmente com o Cristianismo quanto ele e os outros *philosophes* gostavam de acreditar. Esse credo herdara muita coisa

1 Isaiah Berlin. "The divorce between the sciences and the humanities". In: *Against the Current: Essays in the History of Ideas*. Oxford: Clarendon Press, 1991. p.88.

da religião que Voltaire tencionava substituir. O Iluminismo compartilhava com o Cristianismo vastas esperanças de emancipação para a humanidade – e severa intolerância para com o que quer que se atravessasse no caminho de suas ambições universais. Por terem muito em comum é que cristãos e iluministas foram inimigos tão íntimos. Entre suas disposições comuns estava a desconfiança em relação a todo tipo de investigação intelectual cujos fins não fossem sancionados pela moralidade.

Para Voltaire, a filosofia não era uma aventura intelectual de objetivos sempre dúbios. Como as ciências da natureza, a que supunha fosse ela assemelhar-se cada vez mais, a filosofia era um instrumento da emancipação humana. E Voltaire não alimentava dúvida alguma quanto ao significado dessa emancipação. Falha como era sua visão da história da espécie, e incertas como lhe pareciam suas perspectivas, o que a emancipação humana *significa* é, para Voltaire e seus epígonos, algo de absolutamente – e inacreditavelmente – simples. Fim da superstição, fomento da riqueza e do saber, avanço rumo a uma civilização universal: esse projeto iluminista, jamais questionado, entusiasmou Voltaire durante toda a sua vida adulta. Inspirou-o a mover campanhas infatigáveis contra a injustiça e a crivar de epigramas os poderosos da época.

Voltaire jamais examinou a fundo as crenças e valores do Iluminismo. Com efeito, antevia muito bem os percalços no caminho da civilização universal e racional que ele e os outros *philosophes* preceituavam. Inclinava-se mesmo a ver a civilização como um episódio intermitente na história natural da barbárie. Estava, porém, envolvido demais com os embates da hora para questionar o ideal que serviu a vida toda. Não indagou se alguma coisa valiosa iria perder-se no mundo a que aspirava, nem explorou os conflitos que pudessem eclodir entre os valores básicos de semelhante mundo. Faltava-lhe gosto, e mesmo tempo, para fazer perguntas cujas respostas em nada favoreceriam a causa que advogava sem esmorecimento. Tratava-se, afinal de contas, da causa da humanidade – achava ele.

Em parte por essas razões, os escritos filosóficos de Voltaire são pouquíssimo originais. Apenas retomam algumas ideias de John Locke e Pierre Bayle. Poucos verbetes do *Dicionário filosófico* tratam de questões de filosofia. Voltaire em nada contribuiu para a ética ou a teoria do conhecimento. Ao contrário de Hume e mesmo de Adam Smith, não deixou herança de que pudessem beneficiar-se as novas gerações de filósofos. Se teve uma "filosofia", ela apresenta hoje interesse meramente histórico.

Todavia – confessou-o Nietzsche ao identificá-lo como um de seus predecessores –, o pensamento de Voltaire possui um profundo e duradouro interesse. Mais que qualquer outro filósofo europeu, ele exemplifica e esclarece as limitações e contradições do Iluminismo – essa família amplificada de movimentos intelectuais e políticos tão disparatados que muitas vezes se indispunham, e que floresceu em vários países da Europa – notadamente França, Escócia e Alemanha – no século XVIII, havendo moldado em grande parte nosso pensamento atual. Ao contrário de sua "filosofia" derivativa e datada, a contribuição de Voltaire para nossa compreensão do Iluminismo (portanto, do pensamento europeu) é ainda indispensável.

O Iluminismo só pode ser compreendido no contexto do credo que desejava aniquilar. Embora o fenômeno fosse mais notório nos países católicos, os *philosophes* eram, por toda parte, inimigos do Cristianismo. Mesmo assim, suas ideias e crenças traziam a marca indelével da religião perseguida. Estavam enamorados do mundo anterior ao advento do Cristianismo (tal como o imaginavam); mas até os pagãos completos do grupo, como o próprio Voltaire, apenas incompletamente podiam cultivar uma visão pós-cristã do mundo. As largas esperanças morais que o Cristianismo alimentara tocavam-nos demais para que renunciassem inteiramente a elas. Por isso, nunca se libertaram de todo da fé que levaram a vida a combater.

Às vezes, o ódio de Voltaire ao Cristianismo arrasta-o para a intolerância. Seu antissemitismo origina-se, em parte, desse ódio. Como seu grande admirador, Nietzsche, ele não podia perdoar o povo que dera nascença ao Cristianismo. Ao mesmo tempo, seus repulsivos preconceitos antissemíticos eram os de toda a Cristandade europeia. Mostram quão precária era sua emancipação daquele mundo ora desaparecido. O perpétuo fascínio de Voltaire, como o de Nietzsche, pelo "sublime misantropo" Pascal é indício tanto de uma inimizade confessa quanto de uma afinidade reprimida.

"Admirar Voltaire", escreveu Joseph de Maistre, ultrarreacionário, católico, prócer do Contrailuminismo e um dos mais formidáveis adversários de Voltaire, "é sinal de coração corrupto. Quem se deixar seduzir por suas obras pode estar certo de que Deus não o ama". Em seus *Serões de São Petersburgo*, o grande pensador reacionário pinta Voltaire como o mais perigoso de todos os *philosophes*, pois utilizava "o maior dos talentos com a maior leviandade para fazer o maior mal". A visão de De Maistre, de Voltaire como um destruidor zombeteiro da religião, é reproduzida por William Blake em seu *Notebook*:

Zombam, zombam Voltaire e Rousseau,

Zombam, zombam porém em vão.

Lançam vocês areia ao vento

E o vento devolve a areia a vocês.[2]

No entanto, embora declarasse que "Todo homem de bem deve considerar com horror a seita cristã" e execrasse o Cristianismo com a famosa fórmula *"Ecrasez l'infâme!"* ("Esmagai o infame!", fórmula às vezes abreviada prudentemente para

2 William Blake. *Blake's Poetry and Designs*. M. L. Johnson e J. E. Grant, W. W. Norton (Org.) New York e London, 1979. p.184.

"Ecr. l'inf." em seus cadernos de anotações e correspondência), Voltaire nunca foi ateu.

Num poema antigo, escreveu que não era cristão para melhor amar a Deus. Após o passeio matinal em companhia de um visitante de seu bonito retiro de Ferney, Voltaire contemplou o panorama e – com toda sinceridade, ao que parece – proclamou: "Deus Todo-poderoso! Eu creio!". E, como para afastar qualquer impressão de que sua hostilidade ao Cristianismo arrefecera, acrescentou: "Quanto ao Senhor seu Filho e à Senhora sua Mãe, é outra história".

Ao longo da vida, a língua afiada e o humor cáustico de Voltaire desvirtuaram sua seriedade de intenção. Nascido em Paris, em 1694, segundo filho de um próspero tabelião, foi educado num colégio jesuíta e faleceu em 1778, apenas onze anos antes da queda da Bastilha. Valetudinário apaixonado que veio ao mundo muito fraco e não dava esperanças de sobreviver, proverbial magricela em sua longa velhice, Voltaire sobreviveu a três monarcas franceses. Sofria de quase todas as doenças da época – gota, herpes, escorbuto e hidropisia, para mencionar apenas alguns de seus achaques – e não raro acreditava ter soado para ele a hora fatal. O regime invariável de trabalho árduo que se impunha talvez tenha sido inspirado pela sensação de que teria vida curta, sensação que arrastava desde uma infância enfermiça, possivelmente tuberculosa, bem como pelo valor que dava ao trabalho como antídoto para a melancolia que às vezes o assaltava.

Acima de tudo, Voltaire foi escritor. O ato de escrever, para ele, não era tanto a expressão do seu pensamento quanto um meio de autoafirmação no mundo. Trocou a respeitável profissão de advogado, a que o pai o destinava, pela carreira arriscada de homem que vive da pena e da pilhéria. Escrevia sem parar, devotando-se às letras até mesmo quando esteve trancafiado na Bastilha, em 1717, sob suspeita de ser o autor de um panfleto grosseiro, e dessa forma publicou vasta *oeuvre* no curso da vida. Não se limitou a nenhum gênero. Escreveu peças, poemas épicos, contos filosóficos (*contes philosophiques*), mais de vinte mil cartas, e ensaios e panfletos quase além da conta.

Quase tudo o que escreveu não se lê mais. Nenhuma de suas histórias penetrou na memória cultural europeia. Suas preocupações são muito localizadas, muito circunscritas ao espírito do tempo, vazadas num estilo excessivamente propagandístico e num tom de monótona zombaria do Cristianismo. *Carlos XII , Luís XIV ou Anais do Império* não apresentam o valor perene da *Queda do Império Romano,* de Gibbon, ou da *História da Inglaterra,* de Hume. Embora engenhosos e às vezes brilhantes, os poemas e peças de Voltaire são hoje de leitura enfadonha. Comparada às obras de Homero e Virgílio quando apareceu, a *Henriade* parece inapelavelmente datada a um leitor de final do século XX, embora tenha estabelecido não apenas a reputação, mas também o alicerce da polpuda fortuna de Voltaire.

O mesmo estilo afetado domina os cinquenta e tantos dramas que Voltaire escreveu. Habilmente manufaturadas para atender à delicada sensibilidade da época, essas peças eram frias demais para sobreviver à mudança do gosto europeu provocada pelo movimento romântico. Esse foi um desenvolvimento que Voltaire antecipou, pois no verbete "Canto" do *Dicionário filosófico,* anotou: "Hoje a tragédia é encenada com frieza. Seria muito insípida se o *pathos* do espetáculo e a ação não nos estimulassem. Nosso tempo, louvável em outras coisas, é o tempo da secura".[3] Não é como dramaturgo ou versejador que Voltaire é lembrado.

De toda a volumosa *oeuvre* de Voltaire, somente os *contes philosophiques* ainda podem ser lidos sem esforço e com proveito. Isso não surpreende, pois neles é que se encontra a essência de Voltaire como escritor e como homem. De diversas maneiras, os melhores contos são os que se ocupam de teodiceia

3 Voltaire. *Philosophical Dictionary.* London: J. e H. L. Hunt, 1824. v.VI, "Singing", p.102.

– da velha luta da humanidade para se reconciliar com os males de sua condição. O melhor e mais conhecido é *Cândido*. Mas há também *Micrômegas*, uma sátira swiftiana na qual as pretensões humanas são vistas da fria perspectiva do distanciamento interplanetário, e *Zadig*, um engenhoso "conto oriental" que examina explicitamente, embora inconclusivamente, a questão fundamental da teodiceia: haverá algum desígnio nos negócios humanos ou devemos concluir, na esteira de Peter Reading, que "os homens são governados por um Destino cego"?[4]

Zadig reflete o contraste entre a sublimidade da ordem natural e o caos da vida humana quando precisa trocar sua Babilônia natal e sua amada Astarteia pelo Egito:

> Zadig se orientava pelos astros. A constelação de Órion e a brilhante estrela de Sírio guiavam-no, com a ajuda de Canopo, para o sul. Contemplava, maravilhado, aqueles vastos globos de luz que nos parecem meras fagulhas, enquanto a Terra, que é na realidade apenas um ponto imperceptível no esquema das coisas, surge a nossos olhos cúpidos como algo de extremamente nobre e avantajado. Via os homens como são, insetos que se entredevoram sobre uma partícula de areia. Essa imagem conspícua parecia aniquilar suas desventuras relembrando-lhe a nulidade de seu próprio ser e da Babilônia. A alma lhe subia ao infinito e, liberta dos sentidos, observava a ordem imutável do universo. Mas quando a seguir considerava, de volta à Terra e do fundo do coração, que Astarteia talvez morrera por sua causa, o universo desaparecia a seus olhos e ele nada mais podia ver, em toda a natureza, senão Astarteia moribunda e Zadig desgraçado.[5]

A vida de Voltaire pode ser vista como uma experiência bem-sucedida de autoafirmação; mas sua boa fortuna não o impedia de volver repetidamente ao problema de Zadig.

---

4 Peter Reading. *Last Poems*. London: Chatto and Windus, 1994, "Fates of Men", p.10.

5 Voltaire. *Candide and Other Stories*. Nova tradução inglesa por Roger Pearson. Oxford: Oxford University Press, World's Classics, 1990. p.151.

Voltaire tinha plena consciência das vantagens do dinheiro e, desde a juventude, dedicou-se a ganhá-lo. No início da década de 1720, tornara-se extremamente rico, em parte graças aos proventos de seus escritos, mas sobretudo em decorrência de aventuras especulativas ousadas e muitas vezes suspeitas. Sempre avarento, às vezes magnânimo e frequentemente caridoso por acaso, usou sua inteligência ágil para fundar uma enorme fortuna. Ao morrer, era ao mesmo tempo a personificação de sua época e um homem prodigiosamente rico.

O grande amor de Voltaire pelo dinheiro suscitou críticas. No entanto, embora os meios que empregava para adquiri-lo fossem muitas vezes dúbios, sabia usá-lo de forma admirável. Empregou os cabedais que amealhara para garantir sua independência de juízo e ação, tendo neles um terreno seguro a partir do qual podia combater as injustiças perpetradas contra os mais fracos que ele próprio. Sem a liberdade que o dinheiro lhe assegurava, é duvidoso que Voltaire desfechasse as justamente celebradas campanhas em apoio de Jean Calas e outras vítimas de desmandos.

"Voltaire" não é seu nome de batismo (o *philosophe* se chamava François-Marie Arouet) e a origem desse nome continua obscura. Sugeriram alguns que era a forma abreviada de um apelido de escola, "Le Volontaire" ("Teimoso"), mas é mais provável que fosse um anagrama imperfeito de "Arouet le Jeune", "o Jovem Arouet". Qualquer que seja a origem, ele adotou o pseudônimo em 1718, não muito depois de sair da prisão, onde passara onze meses, prefixando-o com um aristocrático "de" a que nada em sua condição o habilitava. A autoestima de Voltaire era inabalável. Nascido burguês numa época aristocrática, tinha de exigir que os outros o aceitassem como o fidalgo que acreditava ser. Daí o título pelo qual logo se tornou conhecido: Senhor Arouet de Voltaire. Como "Voltaire" não existia, François-Marie Arouet houve por bem inventá-lo.

Em 1726, após outra breve passagem pela Bastilha, motivada por ter desafiado um nobre a duelo, Voltaire viveu três anos na Inglaterra. Ali, seus contatos com Bolingbroke, Swift e Pope reforçaram sua admiração pelos ingleses e pelo que ele considerava sua postura tolerante e empírica. Foi um *habitué* da corte francesa, gozando por algum tempo do favor de Madame de Pompadour; e, de 1750 a 1753, frequentou a corte de Frederico, o Grande, da Prússia.

O namoro intelectual de Voltaire com Frederico andou mal. Ambos tinham muito em comum – demais, até. Antipatizavam com o Cristianismo e com a massa da humanidade, alimentando a certeza inabalável de serem imunes às sandices do resto da espécie. A amizade durou apenas enquanto cada qual pôde usar o outro como espelho de sua própria vaidade.

Voltaire jamais conseguiu sossegar como um pensionista acomodado e grato, mesmo a serviço do monarca mais esclarecido da Europa. O cálculo, o orgulho e a velhacaria irreprimível misturavam-se instavelmente em sua natureza. A necessidade instintiva de ser seu próprio dono era forte demais para que aceitasse servir a outro por muito tempo. Assim, pela combinação de seus duvidosos empreendimentos financeiros e seus panfletos satíricos, notadamente a *Diatribe do Doutor Akakia,* em que zombava do presidente da Academia de Ciências do rei, forçou este a despachá-lo em circunstâncias burlescas. A partida da Prússia abre a derradeira fase de sua vida, que passou em prolífico e beligerante retiro no castelo de Ferney, perto de Genebra.

Voltaire celebrava a razão humana, mas não era incapaz de fortes apegos emocionais. Entre seus vários casos amorosos, o que manteve com Madame du Châtelet mostra-nos Voltaire como terno e devotado amante. Os anos que passou com ela assinalam a época de sua estada em Cirey, onde de 1734 a 1744 viveu a maior parte do tempo num *ménage à trois* com Madame du Châtelet e seu tímido marido, o Marquês du Châtelet.

Mulher voluntariosa e de alta inteligência, doze anos mais moça que ele, Madame du Châtelet nem sempre lhe foi fiel. A intensidade e profundidade do amor de Voltaire podem ser avaliadas pela escrupulosa cortesia com a qual, após violenta cena, ele perdoou o caso mais sério da amante e sua última infidelidade com Saint-Lambert, jovem oficial e poeta. O mesmo se diga quando madame engravidou de Saint-Lambert, deu à luz às ocultas e morreu poucos dias depois. Voltaire ficou, por algum tempo, inconsolável. (Sua mortificação se agravou ao descobrir que a amada substituíra-lhe o retrato, num anel, pelo de Saint-Lambert.) A morte de Madame du Châtelet pode ter sido o catalisador para o rompimento de Voltaire com Frederico da Prússia. Num nível mais profundo, foi o começo da retirada para Ferney, onde "cultivou seu jardim" e orquestrou suas campanhas contra a injustiça. Quando ele morreu, em 1778, uma era findou.

Voltaire continua indispensável ao pensamento europeu porque, ao compreendê-lo, compreendemos um pouco de nós mesmos. Nos dois séculos que se seguiram à sua morte, as esperanças e ideais do Iluminismo povoaram a vida da Europa. A visão moral e política que o Iluminismo legou à Europa moderna era confiante, otimista mesmo. A herança que transmitiu aos séculos XIX e XX foi uma visão progressista da história humana – instável, às vezes paralisada por longos períodos de barbárie, mas a longo prazo praticamente irresistível –, voltada para uma civilização universal e racional.

Como alguns outros pensadores iluministas do século XVIII, Voltaire não partilhava inteiramente essa visão otimista. À semelhança de Hume, aproximava-se muitas vezes de filósofos renascentistas como Maquiavel. O mal afamado autor de *O Príncipe* via a história como um ciclo de civilização e barbárie. Não podia conceber que o progresso curasse jamais a debilidade intrínseca da vida civilizada ou superasse sua propensão inata a recair na selvageria. O máximo que esperava era que chefes habilidosos e realistas prolongassem a vida dos povos livres um pouco além de seu prazo natural.

Voltaire era mais esperançoso que Maquiavel. Mas, à diferença de muitos dos partidários da humanidade, nem sempre permitia que a esperança deformasse sua percepção. Supunha que a educação universal temperasse a estupidez e a grosseria da espécie. Sim, em comparação com a maioria dos pensadores iluministas que vieram depois dele, a visão de Voltaire da história e futuro da humanidade foi notavelmente realista. Seu ideal de civilização pouco diferia dos ideais de Condorcet, Diderot, Tom Paine e Jeremy Bentham. Em seus aspectos fundamentais, é perfilhado por Marx, John Stuart Mill, Spencer, Popper, Hayek, Habermas e Dewey. Voltaire partilhava a esperança, cultivada em sua época, de que o aumento do conhecimento tornaria os seres humanos menos selvagens no trato de sua própria espécie e das outras. Sem essa esperança improvável e talvez sem base, ele não poderia ter ido adiante.

Mas às vezes Voltaire se permitia suspeitar de que os horizontes estariam sempre turvos e fechados para o progresso humano. Nessas ocasiões, dava asas ao pessimismo histórico de Maquiavel nos termos mais agressivos. Na seção do *Dicionário filosófico* reservada aos "Milagres", escreve: "Depois de, por algum tempo, erguer-se de um pântano, o mundo vai cair em outro; uma era de barbárie segue-se a uma era de refinamento. Essa barbárie, por sua vez, é desfeita para depois reaparecer: uma alternância contínua de dia e noite". Em outras ocasiões, exprimia ideias de progresso histórico do tipo mais categórico.

Voltaire se mostrava com frequência inconsistente. Não porque sua mente fosse um "caos de ideias claras", como alguns afirmaram, mas porque era vigorosa demais para apreciar ou buscar o repouso doentio de um sistema. Voltaire estava suficientemente atento às sutilezas das circunstâncias humanas e suficientemente cônscio dos sofrimentos do ser humano para subscrever, sem mais, um esquema portentoso do progresso da humanidade. Nisso se mostrou mais humilde que muitos de seus contemporâneos e pósteros. Foi porque não partilhou consistentemente as doces esperanças de alguns pensadores iluministas de seu tempo e do nosso que a voz de Voltaire ainda se faz ouvir.

A visão sombria da história e a perspectiva humana para a qual – a despeito de si mesmo – Voltaire estava inclinado não é incidental em sua maneira de pensar. Elas decorrem do próprio Iluminismo. Até onde o pensamento iluminista é lúcido, ele pode aceitar que a civilização – tal como os filósofos então a entendiam – seja um artifício raro e frágil. A visão de história adotada por Gibbon, Hume, Voltaire e outros historiadores do Iluminismo não ampara a crença na civilização como condição natural das criaturas humanas. Afinal, como esses mesmos filósofos frequentemente nos lembram, a escravidão, a tirania e a ignorância foram o quinhão de quase todos os homens que já viveram. De fato, perante o registro da espécie, o observador imparcial concluiria com razão que seu estado natural é a barbárie.

Quando perseguido corajosamente, o resultado final do pensamento iluminista não é a manutenção das esperanças morais legadas ao mundo pelo Cristianismo. Tal como o via Nietzsche, que por isso mesmo admirava o Iluminismo e Voltaire, esse resultado é a extinção de semelhantes esperanças. Todavia, como surgiu no seio da Cristandade, o Iluminismo não podia deixar de apelar para muitas das esperanças suscitadas pela fé que ele desejava substituir. Sempre acalentou anseios de progresso para os quais não há espaço numa visão plenamente naturalista, verdadeiramente pós-cristã da humanidade e de seu lugar no mundo.

Voltaire alimentou a esperança de emancipação universal que o Cristianismo introduzira na vida europeia. Como outros pensadores iluministas, atribuía ao aumento do conhecimento o papel libertador na vida humana, papel este que o Cristianismo reservava à fé. Mas, ao contrário de muitos filósofos iluministas contemporâneos e posteriores, não valorizava o saber pelo saber. Considerava-o um instrumento para ampliar a felicidade humana. Em sua insistência no bem-estar como juízo de valor, Voltaire mostra a profunda influência que sofreu da filosofia epicurista. Tal qual Epicuro, tendia a interpretar a felicidade humana negativamente, como ausência de sofrimento. Tal qual Epicuro, achava que o banimento de ilusões e superstições religiosas era pré-condição essencial dessa felicidade negativa. Para ele, a emancipação de falsas crenças em nada diferia da verdadeira felicidade, sendo mesmo um de seus ingredientes.

Voltaire não permitiu que a versão secularizada da providência cristã, que ele subscrevia juntamente com outros filósofos iluministas, embotasse sua visão do sofrimento aleatório da vida humana. Há nítido contraste entre a ênfase perpétua de Voltaire no primado do bem-estar e as teses de pensadores iluministas como Kant e Hegel, para quem a evolução da consciência humana representa o sumo bem. Ao contrário desses filósofos mais programáticos do Iluminismo, Voltaire não conseguia aceitar o sofrimento como meio de alcançar um bem maior.

Em Voltaire, notamos um espírito singularmente imparcial às voltas com as contradições do Iluminismo, não menos insuperáveis que as do Cristianismo, tão implacavelmente ironizadas por ele. Se, para os cristãos, a bondade perfeita de Deus torna o mal um mistério, para os verdadeiros crentes no Iluminismo a bondade da natureza humana torna as calamidades da história inexplicáveis. De Voltaire até nossos dias, a filosofia iluminista representa a tentativa de construir uma teodiceia secular em que se expliquem os males da história. Hoje, o interesse por Voltaire se funda em sua luta para reconciliar essa teodiceia iluminista com os fatos notórios da existência humana.

As piores implicações do pensamento do Iluminismo não escaparam a alguns de seus maiores expoentes do século XX. Sigmund Freud e Bertrand Russell jamais duvidaram de que razão e civilização nadam contra a corrente. Zombaram das utopias de Marx e Spencer, repudiaram as doutrinas da perfectibilidade humana. Nenhum deles encontrou base para acreditar que o futuro da espécie será muito diferente de seu passado. Freud confessou que não poderia oferecer consolo à humanidade. Quanto a Russell, ignorava se a razão seria jamais tão forte a ponto de vencer o poder destrutivo da emoção. Parece que a atitude final deles foi a resignação. E nisso estavam com Voltaire.

A religião de Voltaire

> Houve outrora muitos ateus entre os cristãos; hoje são bem menos numerosos. À primeira vista, isto parece um paradoxo, mas o exame prova que se trata de uma verdade: a teologia, muitas vezes, arrasta o espírito dos homens para o ateísmo até que a filosofia o venha resgatar.
>
> Voltaire[6]

Voltaire disse que os Padres da Igreja acreditavam que o mundo inteiro devia ser como eles e, por isso, eram necessariamente os inimigos do mundo até que este se convertesse. O mesmo se aplicava ao próprio Voltaire e ainda se aplica à posteridade do Ilumininismo.

As ideias iluministas de Voltaire levaram-no a conceber praticamente todas as sociedades que conheceu como aproximações – ou, o mais das vezes, distanciamentos – da civilização. Advogava firmemente a tolerância religiosa e mostrava-se um crítico implacável do eurocentrismo. Encontrou sólidos valores em várias outras culturas, antigas e modernas. Valorizava-as, porém, não como fins em si mesmos e sim como degraus para uma civilização universal. Em consequência, via os modos de vida incompatíveis com o Iluminismo, não com tolerância – como expressões da variedade da vida possível a um animal altamente inventivo –, mas com agressividade. Como os cristãos que atacavam, Voltaire e outros pensadores do Iluminismo europeu jamais aceitaram a diver-

6 Voltaire, *Philosophical Dictionary*, op. cit., v.I, "Atheism", p.328.

sidade de culturas e valores como um fato inalterável da vida humana. Muito menos consideravam-na desejável.

Sem dúvida, nunca o Iluminismo foi um movimento único, homogêneo. Assumiu diferentes formas, conforme as circunstâncias e os contextos culturais em que surgia. Em suas manifestações setecentistas, teve várias fontes: a gnosiologia empírica de John Locke, o racionalismo de Descartes, o ceticismo de Bayle, a ciência de Newton, o fascínio de Voltaire e Montesquieu pelas culturas exóticas, sobretudo Pérsia e China, e a influência perene, nesses e em outros filósofos iluministas, das teorias do direito natural – que nem sempre eram compatíveis. Os pensadores do Iluminismo podiam ser mais ou menos otimistas quanto ao futuro da espécie. Muitos dos primeiros expoentes iluministas, ou protoiluministas – Spinoza e Montesquieu, por exemplo – ficaram relativamente livres dos excessos de seus epígonos, como Tom Paine e Augusto Comte. Além do mais, teorias progressistas como as advogadas por Turgot e Condorcet foram repelidas por vários iluministas escoceses. E, o que talvez seja mais importante, o Iluminismo albergava atitudes divergentes com respeito à religião e à moralidade. O ateísmo de D'Holbach e o racionalismo de Descartes eram anátema para Voltaire, enquanto Kant repudiava o ceticismo moral de Hume em favor de um ideal de autonomia ética racional que Hume teria achado inacreditável. Sob esses e muitos outros aspectos, o Iluminismo parecia uma família vasta e não raro turbulenta de pensadores e movimentos.

Contudo, não existe justificativa para a tese – algo como uma ortodoxia entre aqueles que querem apoiar o Iluminismo sem reconhecer o que estão defendendo – de que esses pensadores não tinham valores e objetivos comuns. Também não é verdade que não tivessem uma empresa comum. Ao contrário, quaisquer que fossem suas muitas e às vezes grandes diferenças, todos os filósofos iluministas – dos *philosophes* franceses, dos compiladores de dicionários e enciclopédias com quem o Iluminismo costuma ser identificado, passando por Hume e Kant, até os positivistas do século XIX , os marxistas e os liberais de que todos somos a posteridade – subscreveram um projeto único.

Os pensadores iluministas sempre quiseram anular a diversidade de tradições e crenças religiosas, que até então haviam governado a humanidade, com uma nova ética de autoridade racional e universal. Quer fundamentassem essa ética nos reclamos da razão, como Kant, ou na constância da natureza humana, como Hume, os filósofos do Iluminismo eram unânimes na convicção de que os valores básicos do homem civilizado são essencialmente idênticos. Essa moralidade define os valores da civilização universal pela qual trabalham todos os iluministas. Sem a moralidade universal, o projeto iluminista de uma civilização universal não é mais defensável.

Foi essa fé numa civilização universal que o movimento intelectual às vezes chamado de Contrailuminismo pretendeu atacar. Como os iluministas, os pensadores contrailuministas divergiam grandemente em crenças e circunstâncias, mas, por diferentes caminhos, todos eles desejavam abalar a crença iluminista de que os seres humanos são por toda parte os mesmos. Assim agindo, mostraram que haviam mergulhado no substrato que fundamenta a todas as ideias do Iluminismo, apesar das aparências diversas.

A alegação de Vico segundo a qual as épocas históricas são tão diferentes que seus valores só podem ser recapturados por um esforço tremendo da imaginação; a tese de Herder, de que culturas diferentes podem reverenciar valores que não se combinam e são às vezes incomensuráveis; a distinção de Pascal entre *l'esprit de géometrie* e *l'esprit de finesse*, bem como seu corolário de que a verdade não se contém em sistemas nem pode ser descoberta pela aplicação de métodos – essas ideias são estranhas ao espírito humanista do Iluminismo. Limitam demais o que pode ser conhecido pelos seres humanos e o que pode ser razoavelmente aceito por um pensador iluminista.

No século XVIII, como hoje, os adeptos do Iluminismo não renunciam à crença de que os valores humanos só variam marginalmente. Têm de apegar-se à ideia de que, no fundo, os objetivos humanos são por toda parte os mesmos, diferindo unicamente por causa de diferenças culturais e lacunas de conhecimento facilmente superáveis. Mas se a história for uma superposição de culturas, racionalmente incompatíveis em muitos aspectos capitais; se os valores de diferentes épocas e povos nem sempre podem ser alinhados numa única escala, sendo afinal de contas divergentes e incompatíveis; se o próprio conhecimento humano não pode ser unificado, mas permanecerá sempre eivado de descontinuidades e lacunas, então uma civilização universal, fundada na razão, é uma impossibilidade. Como quer que seja, se pensadores como Pascal, Hamann, Vico e Herder não estão completamente enganados, uma civilização do tipo projetado pelos *philosophes* não será exequível sem uma expansão inaudita do saber humano e uma desoladora contenção da diversidade cultural. No entanto, o ideal da civilização universal continua a ser, ainda hoje, o projeto do Iluminismo.

Quando surgia alguma reação às ideias de Voltaire, entre contrailuministas como J. G. Herder (a desdenhar Voltaire, em termos que William Blake não acharia despropositados, como uma "criança senil"), era a tese voltairiana de que a civilização é só uma para todos os seres humanos, quaisquer que sejam suas histórias e culturas, que constituía o alvo principal do ataque. Herder questionava a certeza, que Voltaire tomou do Cristianismo e das tradições fundamentais da filosofia grega, de que existe uma vida boa adequada a todos os seres humanos, não importando quão diversas possam parecer suas culturas ou naturezas. Em tempos mais próximos, de final do século XIX até o presente, esse questionamento achou guarida nos regimes fascistas e nacionalistas, bem como nos movimentos pós-modernista, fundamentalista e multicultural – que, cada qual à sua maneira e muitas vezes se opondo, são todos filhos da reação ao Iluminismo.

Para Voltaire, a civilização é rara, difícil de preservar; mas suas culminâncias são as mesmas onde quer que se ergam.

Quando lemos, em Voltaire, que houve apenas quatro eras nas quais a civilização floresceu – a era de Alexandre, a era de Augusto, Florença no Renascimento e o século de Luís XIV na França –, nós sorrimos; no entanto, uma visão semelhante da história constitui ainda uma sabedoria convencional em nossos dias. Sustenta projetos políticos aparentemente tão disparatados quanto os de Jurgen Habermas e Francis Fukuyama, de Friedrich Hayek e John Rawls.

Como Santo Agostinho e Pascal, Voltaire reconhecia que a humanidade talvez não consiga alcançar o bem que com tanta clareza discerne. No entanto, como esses grandes pensadores cristãos, tinha certeza de que o bem era um só e não muitos, não podendo por isso dar azo a conflitos irreconciliáveis. Juntamente com Condorcet, Diderot, Paine, Jefferson e muitos projetistas menores da chamada "cidade celestial dos filósofos do século XVIII",[7] Voltaire sem dúvida chegou quase a desesperar da estupidez humana. Mas nunca logrou duvidar de que uma civilização universal pudesse ser concebida e, em princípio, edificada – se não logo, pelo menos no futuro distante; se não completamente e para sempre, ao menos em parte e durante algum tempo. Em sua convicção inabalável de que o bem é um só, universal e harmonioso, Voltaire pertence ao passado, aos filósofos medievais e clássicos como Tomás de Aquino, Platão e os estoicos, não ao futuro que ora vivemos.

Voltaire não era nem um espírito especulativo nem subversivo. Faltava-lhe a percepção intuitiva das profundas doenças da vida europeia que fez de Rousseau uma grande influência em toda reflexão subsequente. Todavia, criticava a civilização de seu tempo. Como Freud, pensava que o preço

7 Ver Carl L. Becker, *The Heavenly City of the Eighteenth Century Philosophers*. New Haven e London: Yale University Press, 1963. Para comentários críticos sobre a interpretação de Becker do Iluminismo, ver *Carl Becker's Heavenly City Revisited*. Raymond O. Rockwood (Org.) Archon Books, 1968.

por ela cobrado em sofrimento humano era elevado e podia ser reduzido. Jamais questionou, entretanto, seu ideal de civilização em si. Tomava por pacífico que a forma de vida das sociedades voltadas à evolução científica e ao domínio crescente da natureza era evidentemente superior às outras. Graças a essa convicção, Voltaire exemplifica um dogma inabalável tido em comum por todos os *philosophes*.

Sem dúvida, foi ele o primeiro a admitir que os ideais iluministas deviam ser adaptados às circunstâncias. Sabia que a vereda do progresso não era retilínea. Diferentes formas de governo podiam ser melhores em diferentes épocas e lugares; certas instituições e religiões podiam ser úteis em outras sociedades. Mas o objetivo era o mesmo para a humanidade inteira. Voltaire defendeu o despotismo esclarecido em determinados contextos, arremedos de liberdade política em outros. Nunca foi, porém, um pluralista ético. Sem atentar muito para o problema, acreditava que os fins dos indivíduos racionais são mais ou menos os mesmos em qualquer parte e que, racionalmente, harmonizam-se uns com os outros. Quase à maneira dos cristãos, estava certo de que o bem humano não é múltiplo – como uma visão imparcial da história talvez concluísse –, mas único.

Como sucede notoriamente no Cristianismo, essa convicção de Voltaire esbarrava em fatos óbvios e embaraçosos. Para Voltaire, como para a maioria dos *philosophes*, a Natureza – inclusive humana – era virtuosa ou pelo menos ignorante do mal, que só apareceu no mundo por causa do erro. Mas como explicar a espantosa fertilidade e a ferrenha persistência do erro? Se, como alegavam os *philosophes* em oposição ao Cristianismo, a natureza humana não está maculada pelo pecado original, por que a história da humanidade não passa – como Voltaire apontava insistentemente – de um catálogo de falhas, crimes e arroubos selvagens?

As teorias iluministas do progresso constituem, entre outras coisas, tentativas de responder a essa pergunta. Algumas representam a história como uma sucessão de fases de desenvolvimento, conduzidas pelo acúmulo do saber. A ideia de progresso, na história, não é elemento indispensável do pensamento iluminista. Dificilmente será encontrada em David Hume, o maior filósofo do Iluminismo escocês e o pensador setecentista que realizou a mais cabal transcendência do Cristianismo. Hume não supunha que a espécie fosse alcançar, no futuro, grau maior de civilização do que já alcançara no passado. Achava que a história humana seria a mesma de até então: um ciclo de aprimoramento e barbárie. Não podemos esperar ir além dos antigos, apenas – se tivermos tirocínio e sorte – igualá-los. Mas, como Voltaire, Hume não duvidava de que a civilização encarnava os mesmos valores sempre e onde quer que florescesse.

Esse artigo de fé – pois, dificilmente, será uma verdade vista no rosto inexpressivo da história – é indispensável para o Iluminismo. Sem ele, uma civilização universal não passa de imperialismo cultural, nem mais admirável nem mais racionalmente defensável que os métodos atrevidos dos missionários cristãos.

A civilização universal pela qual os *philosophes* trabalhavam era uma civilização de tipo definido. Firmava-se no acúmulo do saber e no domínio da natureza. Mostrava-se hostil tanto às culturas que cultivam uma fé transcendental quanto àquelas que buscam harmonia com a natureza. Como seus paladinos mais ingênuos sempre admitiram ou alardearam, esse ideal de civilização só pode ser alcançado ao custo de se sufocarem praticamente todas as tradições culturais que as criaturas humanas elaboraram.

Entre os pensadores dos séculos XIX e XX, esse ideal foi reforçado pela crença no progresso. Mas é a fé na emancipação universal e não no progresso que une o Iluminismo ao Cristianismo. Aceitem ou não os filósofos iluministas uma concepção qualquer de progresso, são governados pela tese da emancipação da humanidade por intermédio do acúmulo de saber.

A fé dos *philosophes* numa possível condição de liberdade universal para os homens isola-os dos antigos, a quem admiravam, e aproxima-os dos cristãos, que insistiam em desprezar. Voltaire sentia apenas desdém pelo projeto cristão de teodiceia. Ria-se sobretudo da justificativa de Leibniz das desventuras humanas como males inevitáveis. Leibniz declarara, em seus *Ensaios de teodiceia* (1710), que os males são aspectos necessários do mundo, pois nada existe sem motivo. Parece sugerir que este deve ser "o melhor dos mundos possíveis" porque, de fato, ele é o único mundo possível. Ideia semelhante foi expressa por Alexander Pope no *Ensaio sobre o homem*: "Uma coisa está clara: o que é, é certo".

O otimismo de Pope chegara a impressionar Voltaire quando ele leu seus poemas em Cirey, na companhia de Madame du Châtelet. Entretanto, a fé deísta de Voltaire na providência não era imune aos fatos. Foi sacudida pelos alicerces quando sobreveio o terremoto de Lisboa, a 1º de novembro (Dia de Todos os Santos) de 1755, em que mais de vinte mil pessoas sucumbiram. O acontecimento levou-o a publicar, em 1756, um longo e sincero *Poema sobre o desastre de Lisboa*, e, em 1757, a iniciar seu engenhoso e patético *conte philosophique*, *Cândido*, publicado em 1759 e festejado por toda a Europa.

Em *Cândido*, Voltaire zomba da tentativa leibniziana de provar que os males do mundo são imprescindíveis para sua perfeição, satirizando-lhe o "princípio da razão suficiente" como mera reformulação racionalista da providência dos cristãos. Pela voz do cômico personagem Dr. Pangloss, o otimista obtuso, Voltaire enriqueceu os vocabulários da Europa com um novo epíteto depreciativo: "planglossiano". Em parte, o interesse que Voltaire ainda conserva para nós vem do esforço, refletido no *Cândido* e outros contos filosóficos, para reconciliar sua fé iluminístico-deísta com as desgraças fortuitas da existência humana.

Quando Cândido encontra o mendigo rubicundo e sifilítico, "todo coberto de pústulas, olhos vidrados, a ponta do nariz carcomida, a boca torta, as gengivas negras, tomado por violenta tosse que o fazia cuspir dentes a cada acesso", fica horrorizado ao descobrir que se trata do velho preceptor, o Dr. Pangloss. Ouvindo dele como contraíra a moléstia – de Paquette –, "dada de presente a esta por um eruditíssimo franciscano, que a adquirira de uma velha condessa, que a apanhara de um capitão de cavalaria, que a devia a uma marquesa, que a recebera de um pajem, que a houvera de um jesuíta, o qual, durante seu noviciado, herdara-a em linha direta de um dos marujos de Cristóvão Colombo" –, Cândido grita: "Ó Pangloss! Que estranha genealogia! Não terá sido o diabo que a iniciou?" O metafísico, entretanto, continua imperturbável:

> "De modo algum", replicou o grande homem. "Era uma parte indispensável do melhor dos mundos, um ingrediente necessário. Pois se Colombo, numa ilha da América, não houvesse contraído essa doença que envenena a fonte da vida, que impede mesmo a procriação e é evidentemente o contrário da intenção da natureza, não teríamos nem chocolate nem cochonilha. Além disso, convém não esquecer que até agora a moléstia tem sido peculiar aos habitantes de nosso continente, como a polêmica. Os turcos, indianos, persas, chineses, siameses e japoneses ainda não a conhecem. Mas há razão suficiente para que venham a conhecê-la nos próximos séculos. Entrementes, vai ela fazendo progressos espetaculares entre nós, sobretudo nesses grandes exércitos compostos de honestos, aprumados e educados mercenários que decidem o destino das grandes nações."[8]

Oferecendo como exemplo a introdução da sífilis na Europa ou o terremoto de Lisboa, Voltaire pretendia tornar ridículas e revoltantes as consolações do Cristianismo e de metafísicos como Leibniz. Faz mesmo Cândido exclamar: "Se este é o melhor dos mundos possíveis, como serão os outros?".

8 Voltaire. *Candide and Other Stories*, op. cit., p.8,10.

Contudo, apesar de seu desprezo pelas doutrinas cristãs da providência, Voltaire jamais abandonou a teodiceia iluminista da emancipação universal. Para ele não se tratava, é claro, da teodiceia histórica de Kant, Hegel, Marx ou John Stuart Mill, na qual a vida dos homens se redime pela consecução de etapas cada vez mais elevadas de consciência humana. Nesse sentido, Voltaire era realista demais para que o tentasse a ideia de que essa consecução resgataria as desgraças da humanidade. Tal qual Epicuro, valorizava o conhecimento como um caminho para a felicidade, não como uma compensação da miséria. Nunca supôs que a vida humana fosse um gozo sem jaça. Eis o que escreve no *Dicionário filosófico*, verbete "Bem":

> Se se quiser dar o nome de felicidade a certos prazeres disseminados pela vida humana, existirá de fato, devemos convir, felicidade. Mas se o nome se ligar unicamente a um prazer constante, ou a um conjunto contínuo, posto que variado, de experiências agradáveis, então a felicidade não pertencerá a este globo terrestre. Ide buscá-la em outra parte.[9]

Nada existe de utópico na concepção voltairiana de bem-estar. Segue Epicuro em sua sóbria e moderada compreensão da felicidade humana. Voltaire é indubitavelmente um progressista; mas seu empenho em aliviar o fardo humano não era do tipo que Epicuro ou qualquer dos outros filósofos pré-cristãos aceitariam ou partilhariam. Trata-se de uma espécie de hedonismo marcado por ambições humanitárias de fundo cristão.

Os antigos hedonistas não depunham esperanças na espécie, apenas em uns poucos de seus membros mais afortunados. Achavam que os homens, em sua grande maioria, eram excessivamente infelizes, assoberbados, pobres e tolos para se-

9 Voltaire. *Philosophical Dictionary*, op. cit., v.III, "Good", p.352.

rem outra coisa que não uns desgraçados. Seu progressismo limitava-se às vidas individuais e àquele punhado de gente afortunada e abençoada. Excluir assim o grosso da espécie não é fácil para quem está preso à tradição cristã; e, para Voltaire, era intolerável. O progressismo de Voltaire sempre foi um projeto de aperfeiçoamento para a humanidade inteira, não para alguns escolhidos. Finaliza o *Cândido* pondo nos lábios de seu herói as palavras: "Devemos cultivar nosso jardim". Mas ficaria horrorizado se, como para os epicuristas, isso significasse usufruir do convívio de amigos que se haviam retirado do mundo e voltar as costas aos sofrimentos do resto.

Nisso, a despeito de si mesmo, Voltaire seguia os cristãos e não os epicuristas. Pois é pela fé na salvação de toda a humanidade que tanto o Cristianismo quanto o Iluminismo diferem das religiões e filósofos mais antigos. Sem essa fé incerta, as esperanças de Voltaire numa civilização universal seriam vãs. Como tantas outras coisas no Iluminismo, são as próprias esperanças do Cristianismo, despojadas de transcendência e aplicadas à espécie humana.

Voltaire queria ser pagão, mas nenhum pensador pagão acalentava esperanças de emancipação universal. Elas não provêm de Platão ou Aristóteles, Epicuro ou os estoicos, e sim da fé cristã na salvação de todos os homens. A ideia que Voltaire fazia dos poderes intelectuais de certos povos não era das mais lisonjeiras, mas, como os apologistas cristãos que ele gostava de ironizar, não tinha dúvidas de que um só modo de vida era o melhor para toda a humanidade. No fim do século XX, é difícil partilhar essa opinião de Voltaire. De fato, para muitos de nós, ela sequer é fácil de entender.

Talvez fosse inevitável que, procurando substituir o Cristianismo, o credo iluminista de Voltaire acabasse se assemelhando a ele. Porém, Voltaire tinha de desacreditar a todo custo o Cristianismo. Julgava que uma civilização moderna era incompatível com o poder da Igreja e com o apelo ao mistério em que o Cristianismo se baseia. Para Voltaire, a sociedade moderna deve ser obrigatoriamente secular. As crenças tradicionais estão fadadas à ruína e, Voltaire estava convencido, serão substituídas pela atitude científica.

Para Voltaire, como para todos os *philosophes* e seus seguidores de hoje, era axiomático que a autoridade da Igreja cedesse à da ciência. Entretanto, ele nunca supôs que as modernas sociedades ficassem desprovidas de sentimento religioso. Com efeito, quase eclipsada às vezes pela intensidade de seu ódio ao Cristianismo, boa parte do trabalho de sua vida consistiu em inventar uma religião para o homem moderno.

Juntamente com Benjamin Franklin, subscreveu um dos projetos mais fantásticos do Iluminismo: uma religião racional. Voltaire era deísta. Acreditava que a existência do Ser Supremo podia ser inferida pela razão natural a partir das evidências de intencionalidade no mundo. No verbete "Seitas" do *Dicionário filosófico*, pergunta retoricamente:

> Qual seria a verdadeira religião se o Cristianismo não existisse? Aquela em que não houvesse seitas; aquela em que todos os espíritos naturalmente se pusessem de acordo. Ora, em que concordam todos eles? Na adoração de um Deus e na probidade. Os filósofos que professaram uma religião qualquer sempre declararam: "Há um Deus e ele deve ser justo". Eis, pois, a religião universal, estabelecida em todos os tempos entre todos os homens!

Ao contrário de espíritos mais afoitos do Iluminismo como La Mettrie, D'Holbach e o marquês de Sade, Voltaire rejeitava as explicações da fé no Ser Supremo como fruto da ignorância, da fragilidade de alma do homem médio ou da cupidez dos sacerdotes e monarcas. Considerava natural e racional o culto do Ser Supremo. Sua ferrenha oposição ao Cristianismo não era expressão de hostilidade à religião, pois Voltaire tinha sentimentos religiosos inconscientes, posto que superficiais. Dedicou tão grande parte da vida a atacar o Cristianismo porque cria que este representava o pior obstáculo na senda da civilização a que aspirava.

De onde veio a hostilidade de Voltaire ao Cristianismo? Diz-se às vezes que tomou gosto pelo livre-pensamento em consequência da admiração que lhe inspiravam os deístas ingleses. É bem verdade que, eterno e confesso anglomaníaco, Voltaire foi influenciado pela exigência de liberdade de pensamento e expressão em matéria de crença religiosa, defendida pelos deístas ingleses. Admirava-lhes a tendência à racionalidade em religião e elogiava-os como paladinos da tolerância. Todavia, as ideias religiosas de Voltaire se radicavam numa velha tradição francesa. Os escritos dos deístas ingleses reforçaram, mas não engendraram sua vocação de livre-pensador.

A postura de Voltaire perante o Cristianismo teve sua fonte francesa mais importante no "Templo" – uma sociedade de livres-pensadores e libertinos que se reunia num castelo do século XIII, em Paris, e era presidida por Filipe de Vendôme, grão-mestre dos Cavaleiros de Malta, a quem Voltaire fora apresentado quando jovem. A sociedade do Templo manteve viva a tradição seiscentista dos *libertins érudits* franceses, um grupo sem vínculos sólidos que albergava figuras como Molière e Cyrano de Bergerac. Os *libertins érudits* se inspiravam, por sua vez, nos *nouveaux pyrrhoniens* do século XVI, assim chamados porque tentavam reviver a filosofia cética radical de Pirro de Élis e seus discípulos da antiga escola grega de Sexto Empírico.

Entre os *nouveaux pyrrhoniens*, o grande ensaísta Michel de Montaigne e seu discípulo Pierre Charron, autor do prestigiosíssimo manual do novo pirronismo, *La Sagesse*, exerceram profunda influência nos *libertins érudits*, entre os quais Bayle, Gassendi e Mersenne. Ao mesmo tempo, as teorias hedonistas e materialistas de Epicuro e Lucrécio se revelaram tão ou mais importantes na formação dos livres-pensadores do Templo.

O ceticismo pirronista não era necessariamente hostil à fé. Com efeito, humilhando a razão e cerceando as pretensões do saber humano, Montaigne e Charron acabaram por reafirmar os mistérios do Cristianismo. Escritores neopirronistas como François La Mothe le Vayer elaboraram uma espécie de apologética cristã cética e fideísta, à maneira de Pascal. Por uma ironia da história do intelecto, a retomada, por David Hume, dos argumentos pirronistas em favor da debilidade da razão humana foi usada por pensadores fideístas como J. G. Hamann em apoio da fé cristã. Por intermédio desses filósofos contrailuministas, o pirronismo de Hume foi uma das fontes a que recorreu Kierkegaard para colocar a fé acima da razão.

A tradição pirronista do livre-pensamento francês não era uma tendência marcante na sociedade do Templo. Encontrou pouca ressonância em Voltaire. A visão voltairiana do conhecimento científico e do juízo moral não se fundava no ceticismo, mas nos dados empíricos e no senso comum. Sob esses e outros aspectos, a postura de Voltaire era epicurista e não pirronista. Ele valorizava o saber instrumentalmente, por sua contribuição para o bem-estar dos homens, não por si mesmo. Julgava o conhecimento humano limitado e cercado de ignorância. No entanto, não via problemas no fato de o conhecimento originar-se dos sentidos, da experiência cotidiana e dos métodos científicos. Voltaire não se mostrava inclinado ao ceticismo, como os pirronistas costumavam mostrar-se em sua busca vã da verdade. Nas pegadas de Epicuro, achava que sabemos o bastante para ser felizes – se nos livrarmos da superstição. Na doutrina nada cética do deísmo, Voltaire pensou ter encontrado a religião despida de superstição.

Sua defesa do deísmo é curiosamente frágil. Ficara muito impressionado com os *Principia Mathematica* (1687) de Newton, em que as operações do universo, semelhantes às de um relógio, postulavam a existência de um divino Relojoeiro. Voltaire invoca variações desse argumento teleológico da existência de Deus, que utiliza a ordem do mundo como evidência de um Ordenador, mas sem responder a objeções ponderáveis contra tão venerável raciocínio. Ele não poderia responder à crítica devastadora vibrada por Hume, nos *Diálogos sobre a Reli-*

gião Natural, contra o argumento teleológico da existência de Deus, pois aquela obra foi publicada postumamente em 1779, após a morte de Voltaire; mas poderia ter ensaiado uma réplica coerente às vigorosas críticas ao argumento teleológico apresentadas por D'Holbach em seu *Sistema da Natureza.* De fato, embora tentasse aparar alguns dos golpes de D'Holbach, Voltaire tinha em pouquíssima conta semelhantes argumentos. Como fizera ao apelar para o juízo comum a fim de defender a moralidade, não procurou de forma alguma mostrar que a crença no Ser Supremo é racional, preferindo recorrer ao consenso em amparo dessa crença junto às pessoas sensatas.

Sustentou também que o deísmo é a primeira fé da humanidade. Influenciado por Bolingbroke e Pope, considerava a crença num único Ser Supremo o credo original dos primeiros homens, abandonado em virtude do crescimento da casta sacerdotal. É difícil compreender como defendia semelhante ideia à luz de tudo o que sabia sobre o politeísmo grego e romano. Nem ela se reconcilia facilmente com sua admiração por Hume, que demonstrara convincentemente na *História Natural da Religião* que o politeísmo, e não o monoteísmo, é a religião aborígine da humanidade.

Nada mais difícil que harmonizar a tese voltairiana de que a religião dos homens selvagens era monoteísta com sua convicção de que os poderes intelectuais do ser humano crescem na proporção de seu grau de civilização. Como explicava o fato, tão evidente para ele quanto é para nós, de que entre os romanos e gregos o politeísmo e a civilização andavam de mãos dadas? De que modo a percepção de um Ser Supremo se esfuma à medida que avançam a civilização e o espírito humano?

Na verdade, Voltaire pouco sabia a respeito das crenças arcaicas e se importava com elas menos ainda. A seu ver, os povos "primitivos" pertenciam à infância da espécie. Sua apreciação do mundo era um misto de medo, confusão e toscos raciocínios analógicos, dignos de serem estudados por gente civilizada, se tanto, como lembrança de como o intelecto progredira desde então. Estranhamente, Voltaire não parece ter notado que essa visão dos povos tradicionais, típica do Iluminismo – e violentamente criticada por Wittgenstein em *Comentários sobre o 'Ramo de Ouro' de Frazer*[10] –, chocava-se com o que ele pensava de suas crenças religiosas.

A incapacidade de Voltaire de explicar convincentemente o lugar do monoteísmo na história natural da religião faz mais que enfraquecer sua defesa do deísmo: ela esclarece a contradição em sua visão da natureza humana. Pascal apresentou o problema, em que o pensamento de Voltaire naufragou, com sua costumeira e insuperável lucidez: "O hábito é uma segunda natureza que destrói a primeira. Mas o que é a natureza? Por que o hábito não é natural? Receio bem que a própria natureza não passe de um primeiro hábito, assim como o hábito é uma segunda natureza".[11]

As dificuldades da religião de Voltaire estão em dois níveis. As primeiras dizem respeito à fragilidade da massa humana, de que Voltaire tinha consciência. As segundas se referem aos fundamentos de seu projeto de uma moralidade universal e são fatais para qualquer projeto iluminista, dele ou de outro qualquer.

Voltaire sustentou que os seres humanos tendem naturalmente a adorar, de modo racional, um Ser Supremo; mas, como ele mesmo não se farta de dizer-nos, sua história mostra-os trocando uma religião fanática por outra. Se a espécie humana é por natureza racional, como se explica sua história? Ela não prova que a concepção voltairiana da natureza do homem é, ela própria, irracional?

Voltaire às vezes duvidava de que os homens, como um todo, pudessem ser instruídos na verdade do deísmo. À semelhança de outros muitos *philosophes*, era tentado pela

10 Ludwig Wittgenstein. *Bemerkungen uber Frazer's Golden Bough*. Rush Rhees (Org.) Doncaster: Brymill Press, 1979.
11 Blaise Pascal. *Pensées*. Harmondsworth: Penguin, 1966, nº 126.

ideia da mentira nobre, de uma religião ou mitologia manufatura da para manter a massa sob controle. Conservou sempre um senso profundo das funções civis da religião e deplorava o ateísmo não apenas por julgá-lo falso, mas também em virtude dos riscos que a seu ver ele oferecia à paz social.

Em seus últimos anos, Voltaire concluiu que a causa do progresso seria melhor servida se se educasse o povo na verdade – a verdade do deísmo. Todavia, admiravelmente imparcial, a opinião de Voltaire sobre o grosso da espécie nunca foi lisonjeira. Eis o que escreveu a D'Alembert: "Quanto à *canaille*, pouco se me dá; há de ser sempre *canaille*".[12] Na margem de um livro inglês, anotou: "Religião natural para os magistrados, merda para o populacho". Registrou sua opinião, mais extensamente, nas *Anotações*: "À massa ignara pouco importa se lhe damos erros ou verdades para acreditar, sabedoria ou loucura; ela seguirá uma e outra coisa igualmente, pois não passa de uma máquina cega".[13] Segundo uma famosa anedota, estando D'Alembert e Condorcet vituperando a religião enquanto jantavam em Ferney, Voltaire fez-lhes um sinal, mandou que os criados se retirassem e confidenciou: "Agora podem continuar, cavalheiros. Fiquei com medo de que me cortassem a garganta esta noite".

Uma opinião adversa sobre a massa da humanidade não é incomum entre pensadores iluministas. Em nossa época, foi cultivada por Russell e Freud. Ambos tentaram explicar a irracionalidade do vulgo com a teoria da vida mental inconsciente. Supunham que lembranças e emoções reprimidas trabalham abaixo da superfície do consciente para deformar e distorcer o entendimento. Advogavam, um e outro, o que Freud chamou de a ditadura da razão: o controle consciente dos instintos e emoções. Nisso, Freud e Russell mostraram-se pensadores

---

12 Voltaire. *Correspondence*. Theodore Besterman (Org.), Geneva, 107v., 1953-1965, v.LXVI, 4 de junho de 1767.

13 Voltaire. *Notebooks*. Theodore Besterman (Org.), Geneva, 2v., 1952, paginação contínua, p.313.

típicos do Iluminismo, distintos de seus *confrères* mais convencionais apenas pela franqueza de seu pessimismo.

O corolário natural do desdém pelo próximo é uma teoria da educação ou, para aqueles que acreditam menos na educabilidade da maioria da espécie, uma teoria do governo das elites. Ambas se encontram em Voltaire. Ele não discordaria da visão madura de Maynard Keynes, para quem a civilização é "uma crosta fina e precária formada pela personalidade e a vontade de uns poucos, mantida apenas por normas e convenções habilmente impostas e astutamente preservadas".[14]

Não são as fraquezas intelectuais e morais da natureza humana comum que mais ameaçam os ideais iluministas de Voltaire, e sim os conflitos irreconciliáveis entre os valores humanos. Por que Voltaire valorizava mais o acúmulo do saber científico do que uma sociedade estável? Mais uma civilização cosmopolita do que os modos de vida locais? Voltaire não tinha uma ética que conferisse o *imprimatur* da razão a seus ideais. À falta de uma autoridade única e universal, estes passavam apenas pela encarnação de um modo de vida que os seres humanos pudessem achar digno de adotar.

Como a de seu principal mentor em filosofia, Locke, a opinião de Voltaire sobre o juízo moral é contaminada pela sua opinião sobre o conhecimento. Para Voltaire como para Locke, todo conhecimento se radica na observação. Porém, se confiarmos apenas na observação, encontraremos (como observou Montaigne) não um consenso quanto aos conteúdos do direito natural, mas uma miscelânea de práticas e crenças morais conflitantes. Como poderá um empírico, para quem a observação é a fonte única do conhecimento confiável, tirar desse caos uma unidade coerente?

Locke resolveu o problema fazendo a moralidade derivar da vontade divina, revelada na Bíblia. Esse recurso não está ao

14 John Maynard Keynes. "My early beliefs". In: *Essays and Sketches in Biography*. New York: Meridian, 1956. p.253.

alcance de Voltaire. Ele só pode apelar para a opinião comum dos homens sensatos: *le bon sens*. Isso, porém, é contornar o problema, não solucioná-lo.

Na verdade, Voltaire não poderia tê-lo solucionado. Seu apelo ao juízo comum é circular. O que é um homem sensato? E o que fazer quando os homens sensatos discordam? O recurso de Voltaire a um consenso humano, em apoio às suas crenças éticas, é pouquíssimo convincente. Segundo sua visão habitual das crenças humanas, estas são quase sempre um tecido de absurdos. Como saberemos quais crenças humanas universais são verdadeiras e quais não passam de universais superstições?

A crença naquilo que Voltaire considera absurdo não se limita às massas ignorantes. A maioria das pessoas racionais que já viveram subscreveu um ou outro credo que para Voltaire é absurdo. Igualmente, muitas pessoas cultas adotaram, no passado, crenças morais que ele não podia deixar de considerar monstruosas. Os estoicos, que recorriam ao consenso universal em amparo de suas convicções morais, não viam nada de errado na escravidão. O mesmo acontecia com os cristãos primitivos. O fato é que o consenso, por si só, revela-se excessivamente instável para que nele baseemos algo mais que um mínimo de valores humanos. Seja como for, o apelo ao consenso da humanidade não condiz bem com o desprezo de Voltaire por tudo aquilo que até agora passou por sabedoria humana. Nem se pode equacionar com a compreensão dos valores de outras culturas, que o próprio Iluminismo nos transmitiu.

Isso não quer dizer, é claro, que não existam valores humanos universais. Sem dúvida, há males genericamente humanos. Fome, dor e morte violenta são desgraças para todas as criaturas humanas, quaisquer que sejam suas diferenças culturais. Da mesma forma, há bens humanos universais: alimento, paz, amor sexual e familiar, amizade etc. Todavia, esses valores universais são encontrados em diferentes moralidades. Não prescrevem um modo único de vida como o melhor para a humanidade inteira. Muito menos mostram o ideal de civilização do Iluminismo como esse modo de vida.

Voltaire escreveu que existe uma só moralidade assim como existe uma só geometria. Mas uma pluralidade irredutível de moralidades – ou, no caso, de geometrias – abala tal certeza. Pois homens igualmente racionais e bem informados não apenas fazem juízos morais diferentes como, muitas vezes, entendem de maneira diversa o próprio bem humano.

Esse profundo conflito de valores deu cabo de um filósofo iluminista maior que Voltaire. David Hume percebeu, mais claramente que qualquer outro, que a visão empírica do conhecimento acarreta o ceticismo ético. Ainda assim pôde afirmar que os valores civilizados são por toda parte os mesmos porque exagerou a constância da natureza humana. Fato curioso, dado que era grande historiador tanto quanto incomparável filósofo, Hume subestimou as diferenças entre culturas. Talvez não o tenha feito por acaso, pois, se o não fizesse, não poderia alimentar sua convicção de que a civilização encarna, em todos os lugares, os mesmos valores.

Para Voltaire, a moralidade ainda não se tornara questionável. Estava certo da existência de verdadeiras crenças éticas e não duvidava de que as conhecesse. Não se perguntou até que ponto essa certeza moral provinha da ética cristã. Não lhe ocorreu que a moralidade europeia seria bem outra sem o Cristianismo.

Voltaire também nunca se perguntou o que aconteceria com as pretensões universais da civilização europeia se esta se tornasse definitivamente pós-cristã. Como Rousseau, a quem detestava, Voltaire supunha que apenas o preconceito e o egoísmo impediam os seres humanos de se porem de acordo quanto ao bem. E, como Rousseau, achava que o bem humano é o mesmo para todos.

Em sua convicção de que a verdade, na ética, é autoevidente para os indivíduos de juízo claro, Voltaire remontava às ideias de direito natural da Idade Média e início dos tempos modernos, fechando os olhos para a futura condição de pluralismo ético e cultural. Jamais duvidou da autoridade da moral. Graças a essa curiosa ausência de ceticismo ético, a Era do Iluminismo de Voltaire está mais distanciada de nós do que a modernidade primitiva, que começa – em Maquiavel, Montaigne e Hobbes – com o questionamento da moralidade.

A política de Voltaire

> Que é tolerância? O atributo da humanidade. Somos todos cheios de erros e fraquezas; perdoemo-nos, uns aos outros, nossas loucuras: eis a primeira lei da natureza.
>
> Voltaire[15]

Como todos os *philosophes*, Voltaire trabalhou pela emancipação da espécie; nunca supôs, entretanto, que isso significasse o estabelecimento universal de um único regime político. Ao longo de sua vida ativa, defendeu os mesmos valores políticos liberais, sem jamais imaginar que eles pudessem, ou devessem, ser codificados numa só forma de governo. Às vezes optava pelo despotismo esclarecido, flertando com Catarina, a Grande, e Frederico da Prússia; outras, apoiava a monarquia constitucional. Aqui e ali, nos escritos de Voltaire, podemos mesmo descobrir algumas referências favoráveis à democracia. (Nunca, porém, partilhou as crenças republicanas sobre a virtude intrínseca do autogoverno popular.)

A visão de Voltaire do que fosse o melhor regime mudou muito durante sua vida longa, ocupada e variada. Mas sua perene flexibilidade política não era sintoma de oportunismo inveterado. É verdade que ele gozou a companhia de mulheres e homens poderosos, buscando-lhes o favor. Não tinha grandes escrúpulos em bajular aqueles a quem cortejava. Mas

15 Voltaire *Philosophical Dictionary*, op. cit., v.VI, "Toleration", p.272.

não escondia suas convicções para evitar melindrá-los. O apoio que deu a diversos regimes em diferentes épocas e lugares não nos mostra um homem preocupado em harmonizar suas ideias com as dos patronos. Era a aplicação de uma visão imutável. Voltaire não era um oportunista e sim um relativista político.

O duradouro interesse do pensamento político de Voltaire deriva da fusão de relativismo político e moralidade liberal. O liberalismo voltairiano revela como uma abordagem pragmática e instrumental de regimes e instituições pode combinar-se com a adesão incondicional a valores liberais. Voltaire não apenas compreendeu que os valores liberais justificam estratégias diferentes, conforme as circunstâncias, como percebeu que as histórias e ambientes de povos diversos podem sustentar indefinidamente regimes desencontrados.

Voltaire admirava, a torto e a direito, as instituições inglesas; mas não pensava em transpô-las para a França. Achava que as tradições, costumes e climas dos países engendravam as formas de governo mais aceitáveis para cada um. Nisso estava com Montesquieu, de quem divergia em muitos pontos menos cruciais.

A filosofia de Voltaire não contém uma teoria política sistemática do tipo que encontramos em Hobbes ou Rousseau. Mas isso não significa que seu pensamento não fosse sistemático. Muito desse pensamento é uma crítica das pretensiosas teorias políticas que negligenciam a importância da história e da circunstância. Voltaire mostrava-se particularmente avesso às doutrinas que legitimavam os regimes pelas exigências do estado de natureza. Como relativista político, era hostil a semelhantes argumentos. De fato, em seus aspectos mais teóricos, o pensamento político de Voltaire é uma negação constante do uso do estado de natureza em filosofia política, especialmente a de seu célebre contemporâneo, Jean-Jacques Rousseau.

Poucos escritores exibiram tanto desdém por Rousseau quanto Voltaire. Agradeceu-lhe o envio de seu "novo livro contra a raça humana", o *Discurso sobre a desigualdade*, com a ferina observação de que o fizera desejar "andar de quatro pés novamente". Muitas eram as razões do desprezo de Voltaire por Rousseau, algumas pessoais, outras acidentais. Em matéria de temperamento, eram quase o oposto um do outro. O caráter mundano de Voltaire, sua imbatível praticidade, sua dedicação pragmática às melhorias possíveis, sua antipatia pela nobreza de sentimentos divorciada da ação real, tudo isso eram marcas de uma disposição inteiramente contrária à de Rousseau.

O poeta imagista T. E. Hulme[16] distinguia entre a mente "clássica", que vê a humanidade como uma espécie de cuja natureza limitada e constante só se pode tirar algo de bom com disciplina paciente e organização engenhosa, e a mente "romântica", para quem a humanidade é um reservatório de possibilidades infinitas que a sociedade, de algum modo, sempre bloqueou. Nietzsche esboça um contraste similar:

> O estado natural é terrível, o homem não passa de um animal de presa. Nossa civilização representa um imenso triunfo sobre essa condição; assim sustentou Voltaire ... Rousseau: a norma baseada no sentimento; a natureza como fonte de justiça; o homem se aperfeiçoa à medida que se aproxima da natureza (segundo Voltaire, à medida que dela se distancia). A mesma época é, para um, uma era de progresso humano; para o outro, tempos de agravamento da injustiça e da desigualdade ... Voltaire ... advoga a causa do gosto, da ciência, das artes, do progresso e da civilização. A defesa da providência, por Rousseau (contra o pessimismo de Voltaire): ele precisava de Deus a fim de poder amaldiçoar a sociedade e a civilização ... *Romantismo* à moda de Rousseau.[17]

16 Ver T. E. Hulme. *Speculations: Essays on Humanism and the Philosophy of Art*. London: Routledge and Kegan Paul, 1924 e *Further Speculations*. Lincoln, Nebraska: University of Nebraska Press, 1955.

17 Friedrich Nietzsche. *The Will to Power*. New York: Vintage, 1968. p.62, 63, 64.

Nos termos de Hulme e Nietzsche, Voltaire encarnava o espírito clássico e Rousseau, o romântico. Sem dúvida, essa é uma distinção que deixa de lado certas ironias nas carreiras dos dois filósofos. Rousseau, inimigo da modernidade, expressou-lhe a alma bem melhor que Voltaire, seu representante autoconsciente. Pelo diagnóstico que fez dos males da civilização, foi recompensado com uma influência sobre os séculos XIX e XX que excedeu grandemente a de Voltaire. Além disso, Rousseau esteve longe de ser o tempo todo um romântico indisciplinado. Seus escritos sobre determinados países, como a Polônia, evidenciam um pensamento sóbrio e realista. Não obstante, a distinção entre mente clássica e romântica ilustra certas diferenças autênticas e profundas entre as opiniões dos dois pensadores sobre a natureza humana e a sociedade.

Rousseau acreditava que os seres humanos são corrompidos pelas instituições sociais; Voltaire pensava que são educados por elas. Rousseau censurava a instituição da propriedade como a causa primária da corrupção, opressão e privação; para Voltaire, essa instituição era um emblema de civilização, o sinete da liberdade individual e uma precondição do aumento da riqueza. Em Rousseau, o "homem natural" representava o que é simples, genuíno e sincero nas criaturas; Voltaire via o "homem natural" como um ser meramente despido de refinamento. Voltaire não negava a existência do homem natural, mas insistia em que a civilização devia aperfeiçoá-lo.

Explicando essas diferenças, há diferentes visões do homem natural e do valor da civilização. Voltaire não chegou a desenvolver uma tese coerente das relações entre natureza e civilização. Às vezes via a natureza pelas lentes de Epicuro: uma natureza simples como o universo em que vivemos. Quando pensava assim, Voltaire criticava asperamente a civilização tal qual a conhecia. As civilizações realmente existentes haviam limitado os prazeres naturais da vida humana e multiplicado os sofrimentos pela adesão às superstições do

Cristianismo. Com essa atitude, não estava tão longe de Rousseau quando gostava de acreditar.

Em outras ocasiões, Voltaire considerava o estado de natureza empobrecido e, acima de tudo, não civilizado. Ironizava a tese de que os males da sociedade provêm de seu afastamento da natureza. Como diz um dos interlocutores do livro de diálogos políticos e filosóficos de Voltaire, *ABC*, sem dúvida falando pelo próprio autor,

> Boas casas, boas roupas, bom padrão de vida, boas leis e liberdade são melhores que penúria, anarquia e escravidão. Os que estão infelizes em Londres podem ir para as Órcadas; lá viverão como se vivia em Londres no tempo de César. Comerão pão de cevada, cortarão a garganta um ao outro por um pedaço de peixe seco e uma cabana de palha. E quem dá esse conselho deveria dar também o exemplo.[18]

Aqui, Voltaire zomba do neoprimitivismo de Rousseau, no qual a civilização é a corrupção do estado de natureza. Sem chegar a descrever o estado de natureza como um mal, Voltaire sustenta que as coisas realmente valiosas na existência humana precisam afastar-se desse estado. Nesse ponto, concorda com Hobbes. Mas sua visão do estado de natureza não é tão sombria. Hobbes considerava-o uma condição de rivalidade e pobreza – uma guerra incômoda de todos contra todos. Sendo assim, argumentava Hobbes, nada mais lógico que os seres humanos competissem de modo a rir-se da virtude e prejudicar até seus próprios interesses. Aqui, Hobbes teve mais que um vislumbre dos paradoxos da ação racional, constantes do Dilema do Prisioneiro e outras concepções da teoria dos jogos de nosso século. Não há nada disso em Voltaire.

18 Voltaire. *Political Writings*. David Williams (Org.). Cambridge: Cambridge University Press, 1994. "The ABC: Seventh Conversation: That modern Europe is better than Ancient Europe", p.131.

À medida que envelhecia, Voltaire se inclinava cada vez mais para o determinismo, talvez por achar que este decorria da cosmovisão científica de Newton. Não parece ter percebido nenhuma tensão entre seu determinismo perante os seres humanos e seu compromisso político com a emancipação da humanidade. No entanto, a visão científico-determinista da natureza, a que era cada vez mais simpático, não oferecia apoio algum aos ideais humanitários de Voltaire. Como bem notou o marquês de Sade, uma visão amoral e determinista da natureza pode sancionar tanto a tortura, a escravidão e o crime quanto a liberdade, o afeto e a solidariedade humana.[19] Esvaziando-se a natureza de normas éticas, nenhum modo de vida pode reivindicar sua autoridade porque a natureza não proíbe nenhum. Nesse caso, a civilização não é melhor que a barbárie. Os ideais iluministas de Voltaire são então para os homens apenas um modo de viver – se o aceitarem.

Voltaire deixou claro que os valores do Iluminismo não exigem a imposição universal de um regime político único. Não estava disposto, porém, a permitir que seu relativismo em vista dos regimes políticos tragasse os valores que definiam a própria civilização. Para ele, toda civilização era exemplo de um tipo único. A história ecoa as vozes de culturas inumeráveis; mas a civilização fala uma língua só. Para certos fins práticos, achava que ele próprio era essa língua. Não lhe foi possível, entretanto, demonstrar por que a civilização, tal qual a entendia, deveria ter autoridade universal sobre a diversidade das culturas humanas. Não conseguiu provar por que a diversidade das culturas não podia ser vista como absolutamente *natural* para os seres humanos.

Graças a seu significado essencialmente plural, a própria ideia de cultura era estranha ao modo de pensar de Voltaire.

---

19 Sobre o marquês de Sade, ver Geoffrey Gorer. *The Life and Ideas of the Marquis de Sade*. London: Peter Owen, 1934.

Ao contrário da dicotomia iluminista de civilização e barbárie, a noção de cultura implica que os seres humanos inventaram no passado, e inventarão no futuro, maneiras diversas de bem viver. A visão de Voltaire da natureza e da civilização seria mais coerente se ele houvesse ampliado o alcance de seu relativismo para reconhecer a pluralidade de culturas. Mas a zombeteira segurança com que ele atacava o *ancien régime* dificilmente sobreviveria a semelhante admissão. Sua ideia de civilização não era um ponto de polêmica filosófica: era um toque de reunião numa campanha.

O caso de Jean Calas mostra-nos Voltaire em seu papel de paladino na batalha pela civilização. Calas era um comerciante protestante de Toulouse cujo filho fora batizado na Igreja Romana a fim de poder trabalhar como advogado. O rapaz parece ter caído em depressão e enforcou-se. Calas talvez se tenha desgraçado, em parte, por causa do amor ao filho. Segundo parece, tentou ocultar a causa da morte para poupar o ente querido do tratamento que se dava aos suicidas em Toulouse, na época: arrastavam seus cadáveres nus pelas ruas.

Calas foi acusado de ter matado o filho. Submeteram-no a tortura judicial, inculparam-no e sentenciaram-no ao suplício da roda, após o que seria estrangulado. O julgamento aconteceu num clima de profunda tensão religiosa, que até certo ponto refletia a história de Toulouse como local do massacre dos huguenotes em 1562. Não se fez caso de provas ou correção processual. A sentença foi executada em março de 1762. Voltaire assumiu a causa e transformou-a num escândalo de proporções europeias. Em consequência de seu envolvimento, o veredito de Jean Calas foi anulado em 1765 e sua viúva recebeu uma indenização do rei.

Foi em batalhas como a do caso Calas que o ideal de civilização de Voltaire revelou seu significado nuclear: tolerância e império do direito. Na opinião de Voltaire, instituições e regimes eram instrumentos para a proteção desses valores liberais. Julgava o despotismo esclarecido preferível à democracia sem lei, o privilégio aristocrático preferível à virtude republicana, se atendessem melhor aos valores da civilização. O melhor regime seria sempre aquele que mais promovesse o progresso. Mas tal regime dependia da época, do lugar e das circunstâncias.

Voltaire era um relativista político. E, ao mesmo tempo, um liberal. Tentava limitar a arbitrariedade do poder político sujeitando-o à lei. Acima de tudo, queria que o poder do Estado não ficasse a serviço de doutrinas ambiciosas como o Cristianismo. Como gerações de pensadores liberais depois dele, Voltaire tinha por ideais políticos a liberdade e a tolerância. Diferia dos liberais do século XX em sua aceitação incondicional das desigualdades naturais e das desigualdades sociais que daí advêm. O liberalismo voltairiano não morre de amores pela igualdade.

Voltaire era um crítico severo das teorias econômicas mercantilistas de seu tempo, que equacionavam a riqueza de um Estado com seu lastro de metais preciosos. Sustentava que a riqueza consistia, não em estoques de ouro e prata, mas em uma força de trabalho dedicada e habilidosa, e num elevado padrão de vida. Voltaire satirizou as doutrinas econômicas dos fisiocratas e censurou as iniquidades do sistema tributário francês em um panfleto extremamente popular e lucrativo, *O Homem dos quarenta escudos*, cujo sucesso levou dois livreiros ao pelourinho e às galés, por ordem do Parlamento de Paris.

Voltaire ridicularizava as ortodoxias econômicas de sua época, chamando-as de racionalizações da exploração. No entanto, opunha-se a todo projeto de nivelamento econômico. Escrevendo a D'Alembert em 1757, contestou até a alfabetização dos trabalhadores, já que seu efeito seria "inutilizá-los para o arado". (Mais tarde, porém, fundou uma escola livre em Ferney para os filhos de seus empregados.) A vida inteira foi hostil a propostas de redistribuição de renda.

A hostilidade de Voltaire aos ideais de igualdade econômica tinha inúmeras fontes. Contra Rousseau, argumentava que a segurança proporcionada pela posse de bens particulares era um pré-requisito da civilização. Na polêmica contra Rousseau, alegava mais os incentivos do que o direito natural à propriedade. Acreditava que, sem a segurança dos benefícios trazidos pela propriedade privada, o impulso para melhorar a situação arrefece na maioria das pessoas. Trata-se de um raciocínio que mostra a importância atribuída por Voltaire às considerações econômicas na conduta humana. Sem dúvida, inteligentemente, jamais duvidou de que os motivos do autoenriquecimento importam muito para a vida política e religiosa. Defendia a propriedade privada como uma instituição social que transforma essa paixão egoísta em benefício público.

Contra o *ancien régime*, acreditava que as carreiras deviam estar abertas a todos os talentos. Quer dizer, indivíduos capacitados tinham de ser livres para merecer – e receber – grandes recompensas. Sua visão pouco lisonjeira da turba humana levava-o a suspeitar de todo projeto de reforma econômica cuja exequibilidade dependesse do altruísmo. No verbete "Igualdade" do *Dicionário filosófico*, declarou que parte dos seres humanos nascem para obedecer e parte para oprimir. Considerando-se esses aspectos da natureza humana, a desigualdade econômica – desde que não seja extrema e haja perspectivas razoáveis de enriquecimento para os talentosos – é um motor do progresso. Aqui como em tudo, o liberalismo voltairiano é empírico e não dogmático. Tal qual Mandeville, Voltaire estava pronto a defender a utilidade do luxo como fonte de empregos para os pobres e estímulo para a evolução do gosto. Não queria nada com noções apriorísticas de igualdade econômica; e é mesmo difícil imaginá-lo às voltas com a rousseauniana "teoria da justiça" de John Rawl.

O liberalismo de Voltaire tem algumas vantagens em relação às formas de liberalismo posteriores. Para as *lumières* do Iluminismo de fins do século XX, parece autoevidente que a civilização se harmonize com um único regime, a democracia liberal. Alguns desses luminares, como Francis Fukuyama, chegaram a ponto de representar o "capitalismo democrático" como "a forma definitiva de governo humano". Para Voltaire, ao contrário, não havia coisa alguma autoevidentemente legítima na democracia. Via-a, como a qualquer outra espécie de regime, em termos instrumentais. Julgava as instituições democráticas por sua contribuição ao bem-estar humano. Teorias de um direito natural ao governo popular não o comoviam. Nisso concorda com boa parte dos primeiros pensadores do Iluminismo e com muitos filósofos políticos liberais até John Stuart Mill, inclusive.

À diferença de filósofos iluministas tardios como Marx e Hayek, Voltaire não contemplava a história de uma perspectiva teleológica. Se queria que todos os povos convergissem numa civilização global, jamais entendeu preceituar um regime único. Extremamente dogmático em sua visão da civilização, era também extremamente pragmático na análise de suas concretizações políticas. Voltaire não teria incorrido na lamentável confusão de Fukuyama, que misturou civilização liberal com "capitalismo democrático". A seu ver, era autoevidente que as voltas da história são complicadas demais, a sorte dos regimes peculiar e acidental demais para que uma equação tão vulgar seja possível.

Voltaire criticou as desigualdades das economias mercantilistas de seu tempo, mas sempre deixou claro que a civilização consegue avançar sob qualquer sistema econômico. Variações de clima e história natural podem fazer toda a diferença. Percebeu que o estatismo meritocrático que admirava na China seria um estímulo à corrupção na França. Nenhum sistema econômico é eficaz em toda parte.

As teses de economia de Voltaire são muitas vezes comparadas às de Adam Smith. Em termos de orientação, a comparação talvez não seja inteiramente má. Ambos os filósofos denunciaram os mesmos entraves ao empreendimento. Ambos advogaram a liberdade econômica e condenaram o *dirigismo*. Mas, apesar de tudo isso, Voltaire não era um liberal econômico smithiano. A mão invisível de Adam

Smith lembrava demais a providência cristã para ser agradável a Voltaire. Trocava a harmonia do autointeresse com a virtude e o bem comum por aquilo que Voltaire, como Mandeville, nunca logrou encontrar na história ou na experiência cotidiana.

A posteridade de Voltaire, relativamente à orientação econômica, não será encontrada na escola dos liberais clássicos que guindaram o *laissez-faire* à condição de dogma. Iremos encontrá-la, isso sim, nos utilitaristas britânicos como Jeremy Bentham e John Stuart Mill, para quem a não interferência do governo na vida econômica era apenas uma regra prática. Embora Voltaire não tivesse nenhuma teoria da moralidade comparável à desses filósofos utilitaristas, sua visão dos sistemas políticos e econômicos era puramente instrumental. A prova de fogo para todos eles consistiria em demonstrar se, de fato, ajudavam a humanidade a ser, segundo suas próprias palavras, "um pouco menos miserável". (Como Bentham e Mill, Voltaire não se preocupava unicamente com a desgraça humana: foi um dos primeiros defensores do bem-estar das outras espécies animais.)

Voltaire não tentou descobrir como essa visão instrumentalista haveria de combinar com seu apelo ao direito natural. Mas foi a insistência pragmática na redução do sofrimento, e não seu débito para com a tradição do direito natural, que sustentou os juízos morais e as campanhas reformistas de Voltaire.

Poucos pensadores liberais foram menos doutrinários que Voltaire. Jamais se esqueceu de que regimes e sistemas políticos ou econômicos são meios e não fins. Como Hume, entendia que determinar quais instituições promovem melhor os valores civilizados não é tarefa fácil. Quase tudo depende da história e das circunstâncias. Eis aí uma verdade esquecida pelo culto que o século XX tardio presta ao capitalismo democrático.

A posteridade de Voltaire

É difícil assinalar os limites da superstição.

Voltaire[20]

Desde o tempo em que Voltaire escreveu, boa parte da Europa tornou-se amplamente pós-cristã. Tanto a autoridade das igrejas cristãs quanto a influência das crenças do Cristianismo se tornaram secundárias. Hoje, na Grã-Bretanha, os cristãos praticantes constituem apenas uma minoria cultural entre outras. Mas, paralelamente ao ocaso da crença e da prática cristãs, o secularismo desapareceu como movimento militante em quase todos os países europeus. Como um monumento vitoriano, solitário e exposto às intempéries numa praça vazia, o ateísmo tornou-se o memorial de uma batalha que muita gente esqueceu. Na medida em que era uma campanha contra o Cristianismo, a filosofia de Voltaire – como suas peças trágicas e poemas épicos – está irremediavelmente datada.

Não é tanto que o Cristianismo tenha sido abandonado em favor do ateísmo. Sucede apenas que os conceitos e categorias com que ateus e cristãos se digladiavam caíram em desuso e não mais são inteligíveis. Decerto, em alguns países, sua influência sobrevive em polêmicas esparsas sobre aborto, eutanásia, sexualidade e assuntos semelhantes. Mas o Cristianismo não é mais a cosmovisão que anima qualquer dos países europeus contemporâneos.

A fé iluminista propagada por Voltaire entrou na circulação sanguínea de todas as culturas europeias. Constituímos todos a posteridade de Voltaire. Se alguma vez foi possível extirpar o Iluminismo da vida da Europa, como queriam seus inimigos desde J. G. Hamann, J.-J. Rousseau e Joseph de Maistre até os nazistas e alguns representantes da Escola de

20 Voltaire. *Philosophical Dictionary*. op. cit., v.VI, "Superstition", p.219.

Frankfurt, isso já não pode acontecer. O pensamento iluminista tornou-se parte integrante de nossas identidades. Não podemos negar o Iluminismo sem negar a nós mesmos.

Não possuímos nenhuma tradição que não tenha sido, ao menos em parte, moldada pelos ideais do Iluminismo. Na vida política, todos os partidos apregoam variações do mesmo projeto iluminista. Assim fazendo, mostram até que ponto o Iluminismo plasmou a modernidade europeia. De fato, considerando-se a ubiquidade das ideias iluministas na Europa moderna, chega a parecer que o grande projeto de Voltaire – afastar o Cristianismo como fundamento da vida europeia e substituí-lo por seu credo iluminista da humanidade – logrou sucesso.

No entanto, se o Cristianismo desapareceu dos países europeus como fé viva, deu-se o mesmo com o Iluminismo. Embora haja conseguido dominar o pensamento moderno, este deixou de antecipar muitos aspectos da modernidade tardia da Europa. Ao declínio do Cristianismo não sucedeu a aceitação geral de nenhuma cosmovisão iluminista. As modernas sociedades europeias, como a Grã-Bretanha, são seguramente pós-cristãs; mas são também, em grande parte, pós-seculares. Juntamente com outros *philosophes*, Voltaire exagerava a ruptura nas tradições culturais europeias, exemplificada pelo Iluminismo. Não lhe ocorreu que o Iluminismo talvez fosse apenas um incidente na decadência do Cristianismo.

O recuo da religião tradicional não teve por contrapartida o avanço da racionalidade. O prestígio da ciência não conseguiu molestar o pensamento mágico. Nas sociedades modernas pululam os cultos ocultistas e milenaristas, religiões *New Age* de vida curta que "piscam e se apagam", no dizer de J. G. Ballard, "como anúncios luminosos em curto-circuito". As esperanças de Voltaire numa religião natural moderna foram absolutamente vãs. Em parte alguma sua religião deísta e racional lançou raízes. Se a história da Europa atual pode servir de guia, a identificação iluminista de modernidade com secularismo, postulada por Voltaire, não tem base alguma e é, mesmo, irracional.

Fora da Europa, a disseminação da modernidade desmente ainda mais as esperanças dos pensadores iluministas. Em muitos países, a modernização foi propelida pela rejeição das ideologias iluministas do Ocidente. Na Rússia pós-comunista, na China neocomunista, na Turquia, na Índia, na Malásia, em Cingapura e no Japão, o Iluminismo é apenas uma corrente da modernidade tardia e nem sempre a mais forte. Nos Estados Unidos, onde o projeto iluminista de uma civilização universal é, no máximo, assunto de uns poucos militantes, os movimentos fundamentalistas são mais vigorosos que em qualquer país europeu.

A história do século XX não atendeu às expectativas voltairianas de como a modernidade deveria evoluir. Isso não se deve apenas ao fato de a ciência e a tecnologia terem ficado a serviço da guerra e da tirania. Tal acontecimento dificilmente surpreenderia Voltaire. Também não se trata do fato de o aumento do saber humano ter propiciado crimes sem precedentes contra a humanidade, como o Holocausto. Acontece apenas que não existe conexão visível entre a adoção de novas tecnologias ou o surgimento de economias de base científica e a propagação de uma civilização universal do tipo imaginado pelos *philosophes*.

O general muçulmano dirigindo operações militares com seu telefone celular tornou-se uma figura notória neste final de século. Os governantes chineses apoiam a modernização econômica, mas não para que a China se incorpore à civilização universal. Procuram unicamente garantir a sobrevivência e a independência da cultura chinesa. Muitos outros exemplos poderiam ser citados.

Não parece haver nenhum vínculo sólido e sistemático entre a adoção de tecnologia e ciência modernas e a aceitação de uma cosmovisão axiológica iluminista. Sem dúvida, os antigos crentes do Iluminismo afirmarão que, cedo ou tarde, modernidade e Iluminismo se revelarão uma só e mesma coisa.

Mas isso, de sua parte, não é a conclusão de uma pesquisa imparcial. É uma confissão de fé, uma aposta no futuro sem mais fundamento lógico que a de Pascal.[21]

Se ainda hoje há quem se apegue ao Iluminismo, não o faz por convicção. Move-o o medo do que possa acontecer com ele caso renuncie a essa ideia. Na realidade, nem podemos abandonar o Iluminismo nem preservá-lo. Seus êxitos nos impedem de voltar às formas tradicionais (talvez imaginárias) de vida preceituadas pelos filósofos do Contrailuminismo europeu. Nenhuma sociedade moderna que degustou o fruto da ciência e da história pode suprimir o conhecimento que dele auferiu.

No entanto, foram as próprias realizações do Iluminismo que o abalaram. Um conhecimento melhor da história e antropologia, do tipo divulgado pelo Iluminismo, revelou uma variedade de culturas humanas maior do que qualquer dos *philosophes* podia imaginar. Hoje, é mais difícil do que no tempo de Voltaire especificar os valores fundamentais da civilização – se é que este termo conserva algum significado. O hábito da crítica, inculcado nas culturas iluministas, acabou por relativizar os valores em nossa época – inclusive os do próprio Iluminismo. Talvez fosse inevitável que o Iluminismo, como o Cristianismo, perecesse em razão das virtudes que ele mesmo nos insuflou.

Quando identificava Iluminismo com modernidade, Voltaire exprimia uma esperança que se revelou infundada. Quando os pensadores iluministas postulam a mesma identidade em nossos dias, propagam uma simples superstição. A filosofia de Voltaire é acanhada e datada sob muitos aspectos. Contudo, permanece como um poderoso corretivo das ilusões iluministas. Atualmente, o pensamento iluminista é animado por esperanças morais bem mais esquivas e irracionais

21 Em outra parte, demonstrei que as expectativas de modernidade do Iluminismo foram falsificadas. Ver meu livro *Enlightenment's Wake: Politics and Culture at the Close of the Modern Age*. London: Routledge, 1995

do que os otimismos setecentistas de que Voltaire zombava. Não se sabe o que sustenta semelhantes esperanças. Não será decerto a história do século XX – a pior de todas as histórias humanas, no dizer de Isaiah Berlin.

Pode dar-se que o desencantamento do mundo, provocado pelo Iluminismo, só seja tolerado pelas culturas outrora cristãs quando travestido de esperanças morais herdadas do Cristianismo. Sem a crença irracional de que a razão irá algum dia harmonizar a rivalidade entre bens e males, a história humana pode parecer um conto narrado por um idiota.

Quando os hábitos de pensamento crítico que aprendemos dos iluministas são aplicados às esperanças do Iluminismo, revelam-se exagerados, vagos e ilusórios. Os achados da ciência não corroboram as esperanças do humanismo iluminista. A visão darwiniana da humanidade mostra-a como uma espécie da qual não se pode razoavelmente esperar a capacidade de pensamento lógico exigida pela civilização do Iluminismo. A pesquisa científica, em que o Iluminismo apostou tanto, indica que suas esperanças humanistas estão fora de lugar. Nietzsche, o maior filósofo iluminista do modernismo tardio da Europa, não se enganou ao antecipar que o resultado final do Iluminismo seria a ruptura de sua própria moralidade.

A "filosofia" de Voltaire pouco tem a nos ensinar. Seu relativismo político é ainda uma droga profilática indispensável contra as desordens doutrinárias do pensamento liberal. O maior legado de Voltaire talvez seja seu desdém pelas consolações da teodiceia – inclusive a do Iluminismo, que o guiou a vida toda. A ambição voltairiana de ajudar a humanidade a ser "um pouco menos miserável" pode bem constituir a mais valiosa herança do Iluminismo.

Nosso destino histórico é ser os sucessores do Iluminismo. Na verdade – consequência involuntária do próprio Iluminismo – , ele ficou para trás. Esse efeito de autodestruição do Iluminismo é uma ironia que Voltaire, apesar de todo o seu pessimismo, não conseguiria prever.

O pensamento de Voltaire permite-nos um distanciamento do Iluminismo que nem seus inimigos confessos, então como agora, jamais alcançaram. Estudando Voltaire, o filósofo iluminista *par excellence*, compreendemos melhor o que significa pensar e viver segundo o Iluminismo.[22]

22 Agradeço ao Professor John Burrow e ao Doutor G. W. Smith por seus comentários esclarecedores sobre o rascunho deste livro. Os erros que ainda persistem são todos meus.

SOBRE O LIVRO

Coleção: Grandes Filósofos
Formato: 11 x 18 cm
Mancha: 20 x 38,2 paicas
Tipologia: IowanOldSt Bt 9/12
Papel: Pólen 80 g/m² (miolo)
Cartão Supremo 250 g/m² (capa)
1ª edição: 1999

EQUIPE DE REALIZAÇÃO

Produção Gráfica
Edson Francisco dos Santos (Assistente)

Edição de Texto
Fábio Gonçalves (Assistente Editorial)
João Eduardo Pedroso Oliveira (Preparação de Original)
Armando Olivetti Ferreira (Revisão)
Barbara Eleodora Benevides Arruda (Atualização ortográfica)

Editoração Eletrônica
Lourdes Guacira da Silva Simonelli (Supervisão)
R2/D'Livros (Diagramação)

Impressão e acabamento

psi7 | book7

psi7.com.br

book7.com.br